1. Lesestufe

TINO, Claudia Ondracek

Spannende Erstlesegeschichten von Fußballfreunden und Piraten

Mit Bildern von
Leopé und Dominik Rupp

Ravensburger

Bibliografische Information der Deutschen Nationalbibliothek:

Die Deutsche Nationalbibliothek verzeichnet diese Publikation
in der Deutschen Nationalbibliografie.
Detaillierte bibliografische Daten sind im Internet
über http://dnb.d-nb.de abrufbar.

1 3 5 4 2

Ravensburger Leserabe
Diese Ausgabe enthält die Bände
„Seeräubergeschichten" von TINO
mit Illustrationen von Dominik Rupp sowie
„Die Bolzplatz-Bande" von Claudia Ondracek
mit Illustrationen von Leopé.
© Ravensburger Verlag GmbH

© 2021 Ravensburger Verlag GmbH
Postfach 24 60, 88194 Ravensburg
Umschlagbild: Lena Heger
Konzept Leserätsel: Dr. Birgitta Reddig-Korn

Printed in Germany
ISBN 978-3-473-46034-2
(für die Ausgabe im Ravensburger Verlag)

www.ravensburger.de
www.leserabe.de

Inhalt

TINO

Seeräubergeschichten

Mit Bildern von Dominik Rupp

Inhalt

Seeräuber im Klassenzimmer

Leon kauft Bilder
für sein Sammelalbum.

In der Schule
öffnet er die Tüte:
ein Unterseeboot, ein Floß
und ein Piratenschiff.

Es klingelt zum Unterricht.
Leons Lehrerin kommt.
Schnell steckt er die Bilder
in die Schultasche.

Aus Leons Tasche
kommt ein Rauschen.
Er sieht nach.
Die Schultasche
ist voll mit Wasser!

„Frau Stindt, in meiner Tasche
ist überall Wasser!"
Das glaubt die Lehrerin nicht.
Sie öffnet Leons Tasche.

Da schwappt eine Welle heraus.
Leons Lehrerin ist patschnass.
Die Welle wird größer
und größer.

Bald ist überall Wasser.
Die Kinder und Frau Stindt
treiben im Meer.

Ein Floß kommt vorbei.
Gerettet!
Aber da kommt ein Seeräuberschiff
auf sie zu!

Es wimmelt von gefährlichen Piraten.
„Klar zum Entern!",
ruft ihr Anführer.

„Schnell ins Unterseeboot!",
ruft Leon.

Die Seeräuber entern das Floß.
Aber die Kinder
und Frau Stindt
sind schneller.

Schon sind alle an Bord.
Sie tauchen hinab.

Leon steuert das U-Boot.
Da sieht er einen Stöpsel
auf dem Meeresboden.

Solche Stöpsel gibt es
in Badewannen.

Mit einem Greifarm
zieht Leon
den großen Stöpsel heraus.

Das Wasser läuft gurgelnd ab.
Die Kinder und Frau Stindt
klettern aus dem U-Boot.

Sie sehen sich
im Klassenzimmer um.
Auf der Lampe hängt Seetang.
Die Seeräuber sind weg.

„Leon hat uns
vor den Piraten gerettet!",
rufen die Kinder und ihre Lehrerin.

„Leon! Leon! Leon!",
rufen sie.
Leon hört seinen Namen.

Es ist Frau Stindt.
„Leon, träumst du?"
Leon öffnet die Augen.
Alles ist wie immer.

Da hört Leon ein Rauschen.
Verwundert öffnet Frau Stindt
die Tasche.
Ihr schwappt eine Welle entgegen …

Die geheimnisvolle Schatztruhe

Im Freizeitpark ist es toll.
Es gibt eine
Riesenrutschbahn,
einen See mit Piratenschiffen
und vieles mehr.

„Bestimmt finden wir
einen Schatz",
sagt Ida zu Luka.

Da bricht ein Ruder.
Ihr Boot treibt
auf eine Höhle zu.

„Zutritt verboten!",
liest Ida.
„Wir müssen zurück!",
ruft Luka.

Doch schon sind sie
in der Höhle.
An den Ufern sind Lagerfeuer.
Und Seeräuber!

Sie singen wüste Lieder.
Ein Seeräuber springt
zu ihnen ins Boot!

Er fuchtelt mit seinem Säbel.
Das Boot wird
immer schneller.
Es saust weiter
in einen Dschungel.

Sie sehen einen Tiger.
Da springen freche Affen
in ihr Boot.

„Achtung, ein Wasserfall!",
ruft Luka.
Aber das ist kein Wasserfall,
sondern eine Rutschbahn.

Ida und Luka, der Seeräuber
und die Affen
sausen hinab in die Tiefe.

„Platsch!", macht es.

Ida und Luka sind unter Wasser.

Da ist eine Schatztruhe!

Ida und Luka schwimmen
mit der geheimnisvollen Truhe
an Land.

Sie öffnen die Truhe.

In der Kiste ist eine Geschichte!
Sie heißt:
„Die geheimnisvolle Schatztruhe".

Die Piratenschule

Lina will Piratin werden.
Unbedingt.
Deswegen geht sie
zur Piratenschule.

„Mädchen taugen nicht
zum Seeräuber",
sagt Kapitän Huck.

30

Aber das ist Lina egal.
Sie besteht alle Prüfungen.

Lina schwimmt schneller
als ein Delfin.
Lina kann mit sieben Säbeln jonglieren.
Lina trifft mit der Popelpistole
die Pfeife von Kapitän Huck.

„Nicht übel", sagt der Kapitän.
„Noch eine Hausaufgabe,
dann bist du Piratin.

Du musst eine Muschel
vom Grund des Meeres holen."
Kein Problem für Lina.

Doch am Montag
verschluckt Linas Seehund
den Wecker.

Am Dienstag bleibt sie
beim Frühsport
in der Kanone stecken.

Am Mittwoch hat
Linas Papagei Fieber.
Am Donnerstag zieht Lina
die gelbe Piratenhose an.

Pech.
Die Muschel ist in der roten Hose.
Lina erklärt alles Kapitän Huck.

„Faule Ausreden!", sagt er.
„Morgen will ich die Muschel.
Sonst wirst du nie Piratin."

Auf dem Weg zur Schule
zieht ein Sturm auf.
Linas Muschel fällt ins Meer!
Linas Schiff geht unter!

Doch es kommt noch schlimmer.

Ein Seeungeheuer taucht auf.

Es spuckt Feuer und Rauch.

Aber das Ungeheuer ist nicht böse.
Es bringt Lina
auf seinem Rücken
zur Schule.

„Danke, Seeungeheuer",
sagt Lina.

„Genauso war es",
sagt Lina zu Kapitän Huck
und seiner Bande.

Sie glauben Lina kein Wort.
Da hören sie ein Schnauben.
Das Seeungeheuer!
Es hat Linas Muschel!

38

Kapitän Huck und die Piraten
weichen ängstlich zurück.
„Kein Problem", sagt Lina
und umarmt das Ungeheuer.

Die Seeräuber staunen.
„Lina ist die Mutigste
von uns allen!", ruft Kapitän Huck.
„Lina ist unsere Oberpiratin."

Der kleine, große Seeräuber

Mia und Ben spielen
am Meer.
Für ihren kleinen Seeräuber
bauen sie eine Burg
aus Sand.

Da kommt die Flut.
Das Schiff treibt mit dem Piraten
davon.

Mia und Ben sehen sich um.
Überall ist Wasser!
Mia und Ben bekommen Angst.

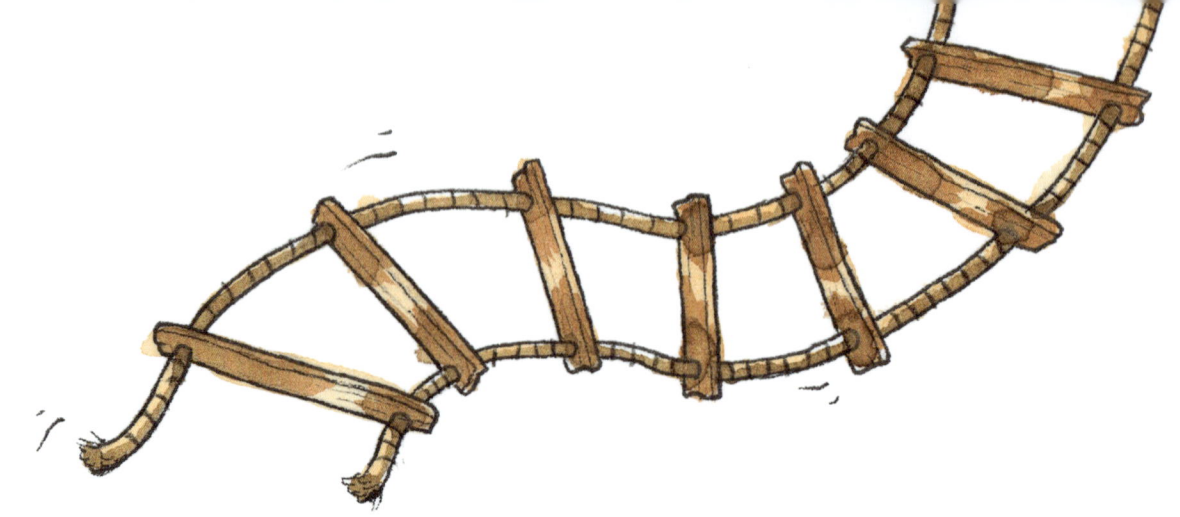

Wie sollen sie an Land kommen?
Eine Strickleiter fällt vom Himmel!
Mia und Ben sehen nach oben.

Der kleine Seeräuber und sein Schiff
sind nicht mehr klein,
sondern groß.

Mia und Ben klettern hinauf.
Sie schweben mit dem Piratenschiff
nach Hause.

„Mama, Papa!", rufen Mia
und Ben aufgeregt.
„Der kleine, große Seeräuber
hat uns vor der Flut gerettet!"

Mia und Ben drehen sich um.
Der Seeräuber und sein Schiff
sind wieder klein.

Ihre Eltern schmunzeln.
Der kleine, große Pirat
zwinkert Mia und Ben zu.
Die beiden sehen sich an.
Wenn Mama und Papa wüssten …

Claudia Ondracek

Die Bolzplatz-Bande

Mit Bildern von Leopé

Inhalt

Von wegen Taktik!

Endlich Pause!
Die „Turbo 5" stürmen
in den Schulhof.

Die Turbo 5 sind:

Maya

Max

Leon

Juri

Lea

Sie kicken sofort los:
mit einem Tennisball!
Mit einem Fußball kann das ja jeder!

Nur ins Tor will keiner.
Die fünf lassen lieber
den Ball tanzen.
Jeder spielt gegen jeden.

Maya schlägt einen Haken um Max
und schießt …

Der Ball prallt neben dem Tor ab.
„Daneben", ruft Juri und grinst.
„Der Schuss war aber gut",
sagt jemand.

52

Alle drehen sich um.

Das ist Jan, der Neue in der Klasse.

„Hier, euer Ball", meint er zögernd.

„Spiel doch mit", ruft Maya ihm zu.

Jan luchst Max sofort den Ball ab.

Er täuscht nach rechts an

und zieht links an Lea und Maya vorbei.

Schon hat er freie Bahn

und knallt den Ball ins Tor.

54

„Du hast es aber drauf", schnauft Maya.
Da hat Jan den Ball schon wieder.

Leon und Maya kleben ihm
an den Fersen.
Im Lauf legt er sich den Ball
zum Schuss vor – und trifft!

„Zwei Alleingänge reichen", mault Leon.
„Lass uns auch noch mitspielen!"

„Tja, Profis hängen euch Bolzplatz-Spieler
eben leicht ab", schallt es vom Rand.
Da stehen Jakob und Tim.
Die spielen im Fußballklub Friedenau.

56

„Deine Technik ist echt gut",
sagt Jakob zu Jan.
„Setz die doch lieber
bei richtigen Fußballern ein!"

„Technik kann jeder lernen!",
meint Jan.

„Wir brauchen aber keinen Trainer",
zischt Leon. „Wir wollen nur kicken!"
„Und wenn dir das nicht reicht",
fügt Maya hinzu,
„dann spiel bei den Lackaffen da mit!"

Die Fußballer lachen laut auf
und ziehen Jan mit sich fort.

Rache stinkt!

Schweigend sitzt die Bolzplatz-Bande
am Nachmittag in ihrem Versteck:
hinter dem Ziegenstall im Tierpark.
Den Tierpark leitet Leas Vater.

Hier sind die fünf immer ungestört.
Und ungestört müssen sie sein,
wenn sie Pläne schmieden –
Rachepläne!

„Diese Lackaffen in Fußballschuhen",
schimpft Maya wütend und wirft
einen Stein in die Pfütze.
Platsch – die Wand des Stalls ist
über und über mit Schlamm bespritzt.

„Ich hab's!", ruft Lea da.
„Wir verteilen Ziegenkötel
auf dem Fußballplatz!
Wie wohl braun gefleckte Fußballer
aussehen?"

„Super Idee!", rufen die anderen
und sammeln Tüten voller Ziegenkötel.

Am späten Nachmittag
schleichen die fünf zum Fußballplatz.

Kichernd werfen sie die Kötel
kreuz und quer über den Rasen.

Doch am Ausgang
versperren ihnen Jakob, Tim
und drei weitere Fußballer den Weg.
„Was habt ihr auf dem Platz verteilt?",
zischt Jakob und reißt
Maya die Tüte aus der Hand.

„Igitt!", ruft Jakob
und hält sich die Nase zu.

„Sammelt das sofort wieder auf",
sagt Tim drohend.
„Wir wollen morgen hier spielen!"

„Dann spielt doch!", erwidert Leon.

„Oder fallt ihr Profis so oft hin,

dass ihr Angst habt,

euch dreckig zu machen?"

„Mit Fußballschuhen rutscht keiner aus",

meint Jakob scharf. „Ohne aber schon!"

Dann guckt er in die Runde.
„Mal sehen, wer sich dreckig macht:
Wir fünf spielen morgen Nachmittag –
und zwar gegen euch.
Wer verliert, muss den Platz säubern!"
Die Turbo 5 nicken.

Die Turbo 6

Als die Turbo 5
zum Fußballplatz kommen,
sind die Fußballer schon da.
Sie machen sich warm …

„Jetzt fegen wir euch vom Platz",
rufen die Fußballer.

„Angeber", zischt Maya
und zieht ihre Turnschuhe an.
„Euch zeigen wir's!"

„Ihr fangt an", sagt Jakob und legt
den Ball auf den Anstoßpunkt.

Lea passt den Ball zu Max.
Der stürmt los und zielt …

Doch der Torwart hält den Ball.

Die Fußballer starten einen Gegenangriff
und lassen den Ball sicher
von Mann zu Mann laufen.

Als Leon versucht,

den Ball zu kriegen,

rutscht er ins Leere.

„Mist", flucht er und wischt sich

einen Ziegenkötel vom T-Shirt.

Da schießt Jakob

wie ein Pfeil aufs Tor zu …

… und knallt den Ball
an Juri vorbei ins Netz.
„1:0", jubeln die Fußballer.

Die Turbo 5 kämpfen verbissen.
Aber die Schüsse von Torjäger Jakob
kann Juri einfach nicht halten.

So steht es zur Halbzeit 1:4.
Die Turbo 5 lassen sich ins Gras fallen.
„Gebt ihr etwa schon auf?",
fragen die Fußballer grinsend.
„Siege soll man nie zu früh feiern",
sagt da plötzlich jemand.

Es ist Jan.

„Was machst du denn hier?",
fragt Maya keuchend.

„Zuschauen", entgegnet Jan.

„Tipps wollt ihr ja nicht!"

„Die würden auch nichts nützen",
meint Jakob.

„Sei dir da nicht so sicher", sagt Jan.

Die Fußballer ziehen lachend ab.
Die Turbo 5 schweigen betreten.

„Was für Tipps hast du denn?",
fragt Lea in die Stille.
Da legt Jan los.

„Woher weißt du das alles?",
fragt Maya erstaunt.
„Ich hab in einem Verein gespielt",
sagt Jan. „Als Torwart!"

„Das ist unsere Rettung", ruft Juri.
„Gehst du ins Tor?
Wir wechseln uns untereinander ab!"

Die Turbo 5 starren gebannt auf Jan.

Der grinst und nickt:

„Los, den Lackaffen zeigen wir's!"

Schon den ersten Schuss hält Jan.

Jakob flucht: „Wartet nur!"

„Auf was denn?", fragt Jan
und schießt den Ball weit nach vorn.
Jakob sprintet hinterher, stolpert –
und landet in einem Ziegenkötel.
„Ich dachte, mit Fußballschuhen
fällt man nicht hin!", ruft Juri.

Er nimmt den Ball im Lauf
und spielt eine Flanke vors Tor.
Maya köpft den Ball ins Netz.
„Super", brüllt Jan. „Weiter so!"
Er gibt vom Tor aus Tipps.

Die vier Spieler
geben alles.
Und Jan fliegt im Tor hin und her.

Bald steht es 4:4.
Da ruft Lea vom Rand: „Spiel-Ende!"
Die Turbo 5 fallen sich in die Arme.
Sie lassen Jan hochleben.

„Ab jetzt sind wir die Turbo 6",
meint Juri. „Mit den Tipps von Jan
besiegen wir die Fußballer noch!"

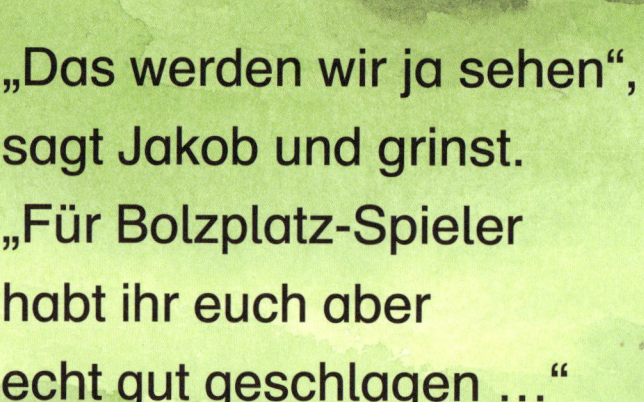

„Das werden wir ja sehen",
sagt Jakob und grinst.
„Für Bolzplatz-Spieler
habt ihr euch aber
echt gut geschlagen …"

„… und ihr Profis seid doch
ganz schön dreckig geworden",
meint Leon. Alle lachen.

„Los, jetzt sammeln wir
die Ziegenkötel auf",
schlägt Tim vor.
„Sonst können wir morgen nicht
gegeneinander spielen!"

83

Wichtige Wörter beim Fußball

Torwart

Verteidiger

Verteidiger

Verteidiger

Stürmer

Mittelfeld-spieler

Stürmer

Stürmer

Anstoßpunkt

Schiedsrichter-assistent

Schiedsrichter

Fußball

Schiedsrichter-assistent

Anstoßkreis

Seitenlinie

Strafraum= 16-Meterraum

Elfmeterpunkt

Torraum= 5-Meterraum

Eckfahne

Tor

Torlinie

Abwehr	Spieler, die die Angriffe des Gegners abwehren (= Verteidiger).
Angriff	Spieler, die vor dem gegnerischen Tor spielen und Tore schießen sollen (= Stürmer).
Anstoß	Anspiel des Balls bei Spielbeginn, nach einem Tor oder nach der Pause.
Dribbeln	Den Ball nah am Fuß durch kurze Stöße vorantreiben.
Elfmeter	Strafstoß nach einem Regelverstoß im Strafraum.
Flanke	Flugball von der Seite des Spielfelds.
Foul	Regelwidriges Verhalten, das mit Frei- bzw. Strafstoß (= Elfmeter) und/oder gelber bzw. roter Karte bestraft wird.
Freistoß	Anspiel des Balls nach einem Regelverstoß.
Gelbe Karte	Verwarnung bei Regelverstößen.
Halbzeit	Ein Spiel besteht aus zwei Halbzeiten von je 45 Minuten mit einer Halbzeitpause dazwischen.
Pass	Den Ball einem Mitspieler gezielt zuspielen.
Rote Karte	Platzverweis bei schwerem Regelverstoß oder wenn ein Spieler bereits eine gelbe Karte hatte. Sie zieht eine Spielsperre nach sich.

Leserabe
Leserätsel

Rätsel 1

Seltsam, seltsam

Welches Wort stimmt? Kreuze an!

Aus Leons Tasche kommt
- ○ Wärme.
- ○ Wind.
- ○ Wasser.

Lina geht zur Schule für
- ○ Piraten.
- ○ Polizisten.
- ○ Physiker.

Luka und Ida finden eine
- ○ Kanne.
- ○ Karte.
- ○ Kiste.

Rätsel 2

Buchstaben heraushören

In welchen Wörtern hörst du den
Buchstaben U? Kreuze an!

Ordne die Bilder den Sätzen zu!

A) Jan knallt den Ball ins Tor.

B) Maya wirft Kötel über den Rasen.

C) Der Torwart hält den Ball.

1   2   3

Rätsel 4

Rätsel für die Rabenpost

Fülle die Lücken aus. Trage die Buchstaben in die richtigen Kästchen ein. So findest du das Lösungswort für die Rabenpost heraus!

Die Turbo 5 kicken mit einem

8		N		1	3	L

(Seite 51)

Leas Vater leitet einen

| T | | R 5 | A | | | (Seite 59)
|---|---|---|---|---|---|

Sie verteilen

	Ö		6

auf dem Fußballplatz. (Seite 63)

	7	

gibt den Turbo 5 Tipps. (Seite 76)

Lösungswort:

1	O	3	Z	5	6	7	8	Z

Hast du das Lösungswort herausgefunden?
Dann kannst du jetzt tolle Preise gewinnen.

Gib das Lösungswort auf der **Leserabe**-Website
ein oder schick es mit der
Post an folgende Adresse:

An den Leseraben
Rabenpost
Postfach 2007
88190 Ravensburg
Deutschland

Lösungswort:

An
den LESERABEN
RABENPOST
Postfach 2007
88190 Ravensburg
Deutschland

**Bitte frage
deine Eltern!***

Leichter lesen lernen mit der Silbenmethode

ISBN 978-3-473-**38573**-7*
ISBN 978-3-619-**14440**-2**

ISBN 978-3-473-**38563**-8*
ISBN 978-3-619-**14473**-0**

ISBN 978-3-473-**38566**-9*
ISBN 978-3-619-**14474**-7**

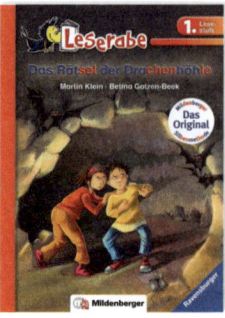

ISBN 978-3-473-**38576**-8*
ISBN 978-3-619-**14442**-6**

ISBN 978-3-473-**38552**-2*
ISBN 978-3-619-**14443**-3**

ISBN 978-3-473-**38095**-4*
ISBN 978-3-619-**14448**-8**

ISBN 978-3-473-**38553**-9*
ISBN 978-3-619-**14447**-1**

ISBN 978-3-473-**38572**-0*
ISBN 978-3-619-**14445**-7**

ISBN 978-3-473-**38570**-6*
ISBN 978-3-619-**14483**-9**

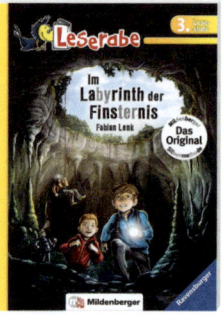

ISBN 978-3-473-**38565**-2*
ISBN 978-3-619-**14480**-8**

ERZ_20_001

** **Gebundene Ausgabe** bei Mildenberger · * **Broschierte Ausgabe** bei Ravensburger

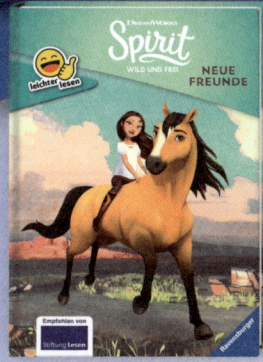

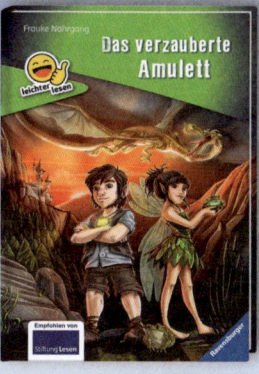
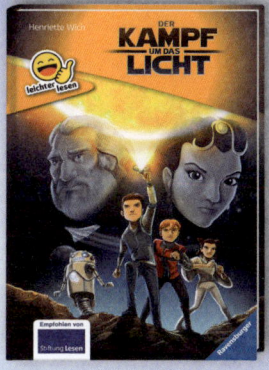
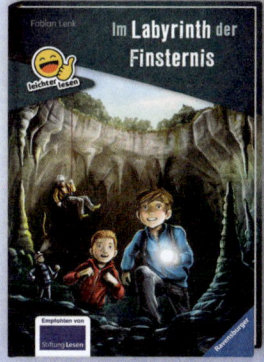

Lesen Lernen wie im Flug!

In drei Stufen vom Lesestarter zum Leseprofi

Vor-Lesestufe
Ab Vorschule

ISBN 978-3-473-46022-9

ISBN 978-3-473-46023-6

ISBN 978-3-473-46024-3

1. Lesestufe
Ab 1. Klasse

ISBN 978-3-473-46025-0

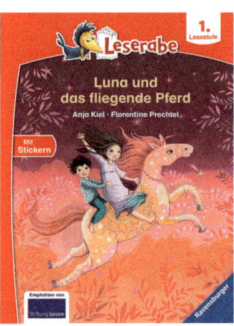

ISBN 978-3-473-46026-7

ISBN 978-3-473-46027-4

2. Lesestufe
Ab 2. Klasse

ISBN 978-3-473-46028-1

ISBN 978-3-473-46029-8